Cuevas

Julie Murray

Abdo Kids Junior es una
subdivisión de Abdo Kids
abdobooks.com

Abdo
CASAS DE ANIMALES
Kids

abdobooks.com

Published by Abdo Kids, a division of ABDO, P.O. Box 398166, Minneapolis, Minnesota 55439.
Copyright © 2020 by Abdo Consulting Group, Inc. International copyrights reserved in all countries.
No part of this book may be reproduced in any form without written permission from the publisher.
Abdo Kids Junior™ is a trademark and logo of Abdo Kids.

Printed in the United States of America, North Mankato, Minnesota.

102019

012020

THIS BOOK CONTAINS
RECYCLED MATERIALS

Spanish Translator: Maria Puchol

Photo Credits: Getty Images, iStock, Shutterstock

Production Contributors: Teddy Borth, Jennie Forsberg, Grace Hansen

Design Contributors: Christina Doffing, Candice Keimig, Dorothy Toth

Library of Congress Control Number: 2019944028

Publisher's Cataloging-in-Publication Data

Names: Murray, Julie, author.

Title: Cuevas/ by Julie Murray.

Other title: Caves. Spanish

Description: Minneapolis, Minnesota: Abdo Kids, 2020. | Series: Casas de animales | Includes online
    resources and index.

Identifiers: ISBN 9781098200619 (lib.bdg.) | ISBN 9781644943694 (pbk.) | ISBN 9781098201593
    (ebook)

Subjects: LCSH: Animal housing--Juvenile literature. | Caves--Juvenile literature. |Cave dwellings--
    Juvenile literature. | Animals--Habitations--Juvenile literature. | Spanish language materials--Juvenile
    literature.

Classification: DDC 591.564--dc23

Contenido

Cuevas 4

¿Quién vive
en cuevas? 22

Glosario 23

Índice 24

Código Abdo Kids . . .24

Cuevas

Muchos animales viven

en cuevas.

Una cueva es un espacio

subterráneo abierto.

6

La mayoría de las cuevas están oscuras. Hay muy poca luz.

9

Las cuevas son lugares seguros

para esconderse.

Los leones están en una cueva.

Ahí se mantienen frescos.

Los murciélagos viven
en cuevas. Se cuelgan
cabeza abajo.

Los **proteos** viven en cuevas bajo el agua.

Los gusanos de luz viven
en cuevas. La luz que
emiten atrae a sus presas.

El oso está en una cueva.

Dormirá todo el invierno.

¿Quién vive en cuevas?

meta menardi
(arañas europeas de cueva)

murciélagos cola de ratón

salamandras ciegas

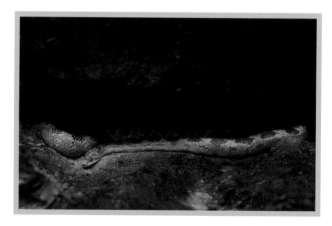

serpientes de maíz

Glosario

presa
animal que es cazado para ser comido por otro animal.

proteo
salamandra ciega que solamente vive en cuevas bajo el agua.

subterráneo
que está bajo la superficie de la tierra.

Índice

bajo el agua 16

características 6, 8, 10

dormir 20

gusanos de luz 18

león 12

luz 8

murciélagos 14

oso 20

proteo 16

Abdo Kids
ONLINE
FREE! ONLINE MULTIMEDIA RESOURCES

¡Visita nuestra página abdokids.com y usa este código para tener acceso a juegos, manualidades, videos y mucho más!

Usa este código Abdo Kids

ACK5229

¡o escanea este código QR!